Theo von Taane

Das Tennis Ausmalbuch

Bibliografische Information der Deutschen Nationalbibliothek:
Die Deutsche Nationalbibliothek verzeichnet diese Publikation in der Deutschen Nationalbibliografie; detaillierte bibliografische Daten sind im Internet über http://dnb.dnb.de abrufbar.

Herstellung und Verlag: BoD – Books on Demand, Norderstedt

ISBN: 9783842373358

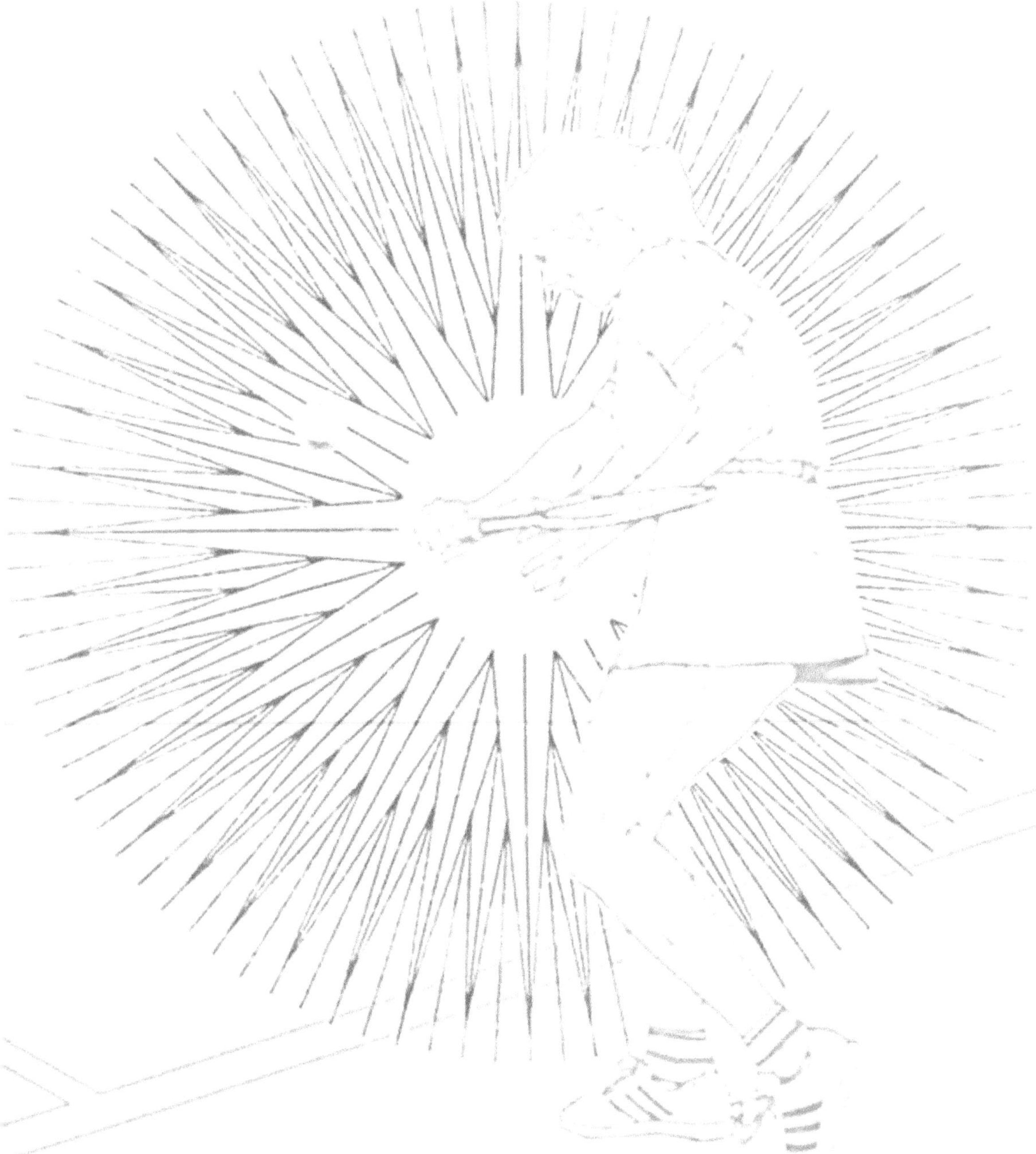

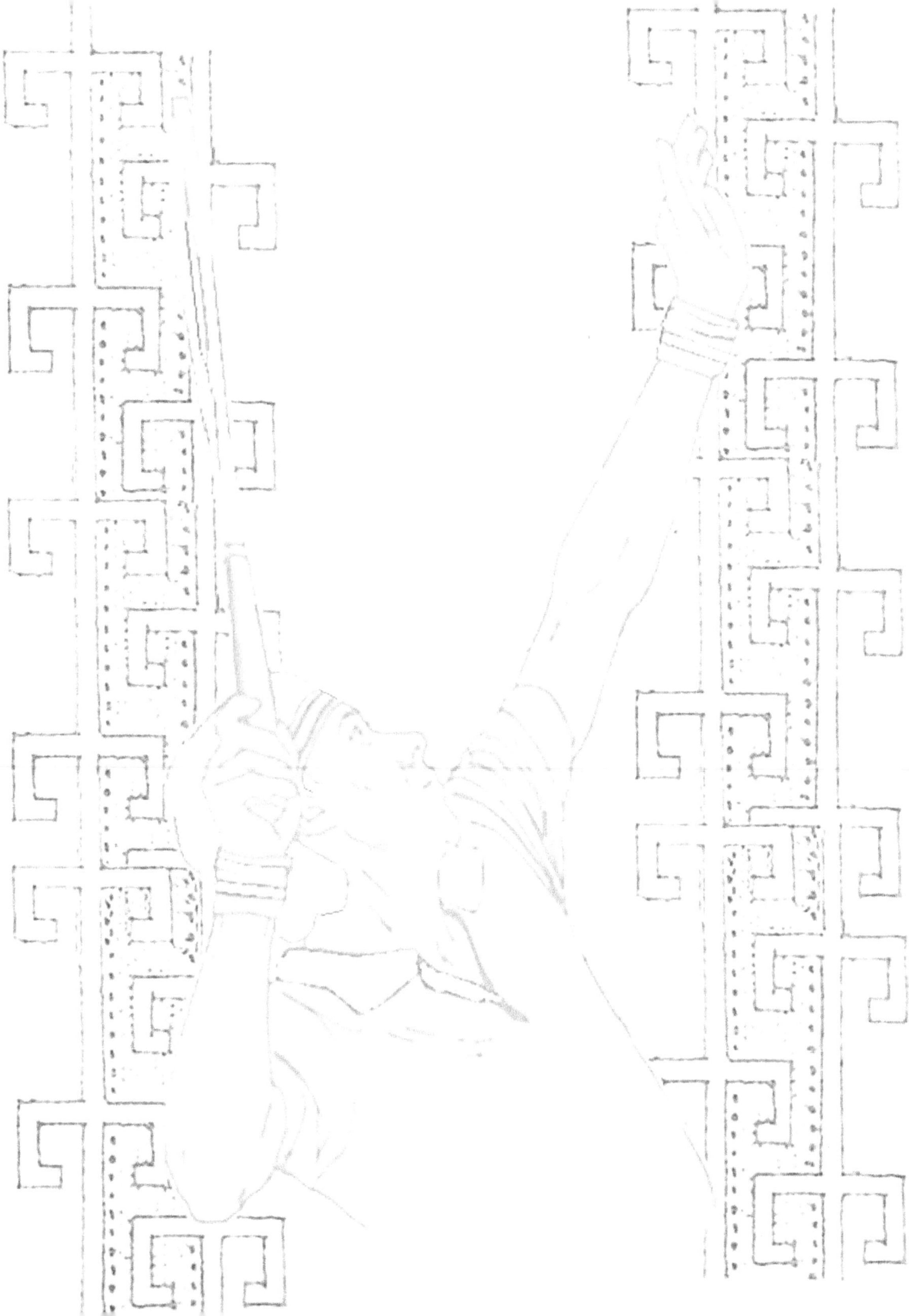

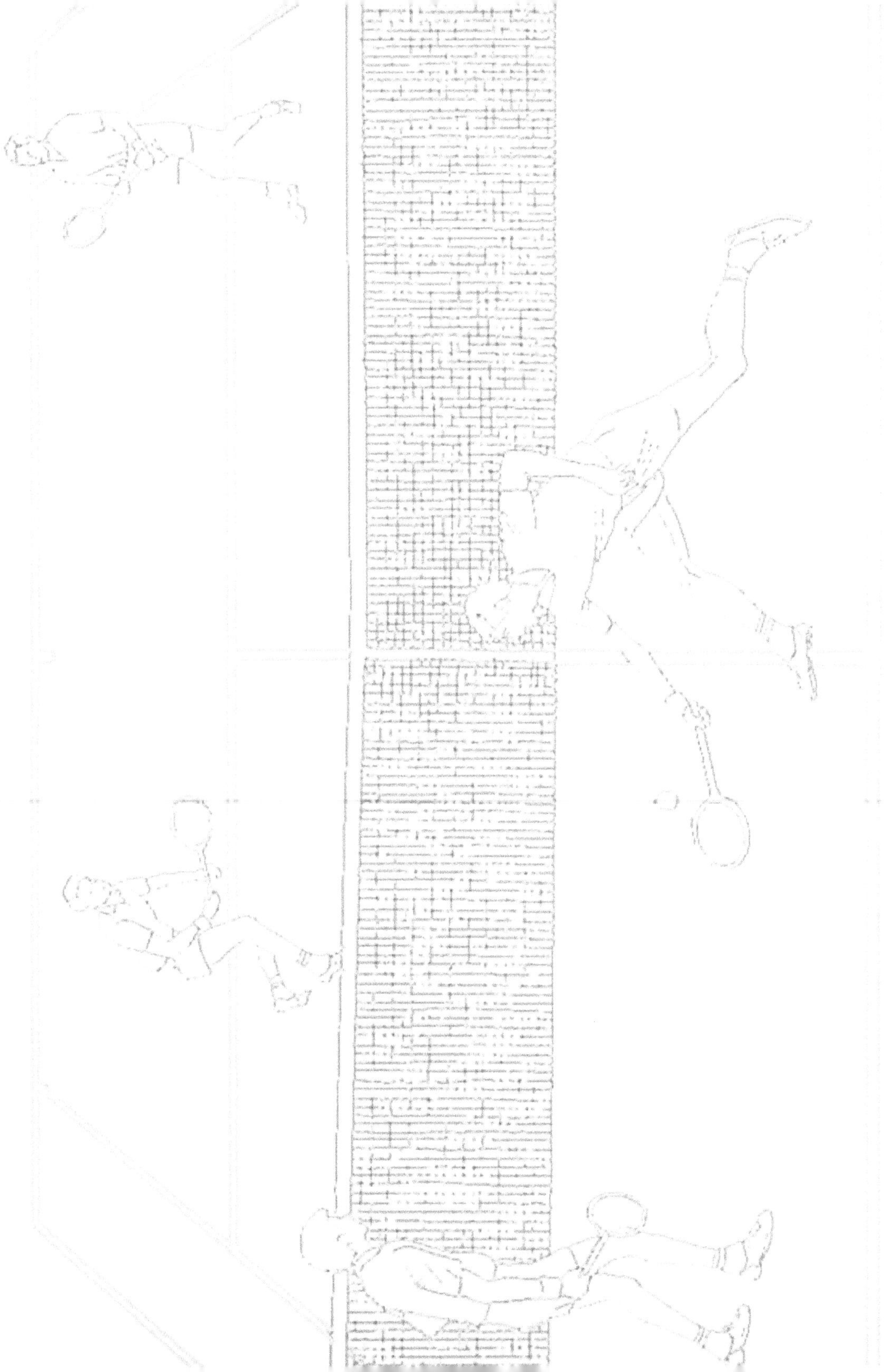

Weitere Bücher von Theo von Taane:

Titel	ISBN
Minecraft Witzebuch	9783738612332
Minecraft Witzebuch 2	9783739211206
Minecraft Witzebuch 3	9783739211305
Minecraft Witzebuch 4	9783739222394
Minecraft Rätselbuch (8-14 Jahre)	9783739218267
Minecraft Rätselbuch Teil 2 (6-14 Jahre)	9783739246130
Minecraft Mathe Ausmalbuch (6-10 Jahre)	9783739229744
Minecraft Buch der Rekorde (8-14 Jahre)	9783739229638
Minecraft Quizbuch (6-14 Jahre)	9783839130797
Minecraft Quizbuch Teil 2 (6-14 Jahre)	9783839130810
Minecraft Offline Spiele (8-14 Jahre)	9783738647204
Minecraft Notizbuch Enderdragon (kariert, geeignet als Spielebogenpapier für Minecraft Offline Spiele oder auch z.B. als Matheheft)	9783739228709
Minecraft Notizbuch (liniert)	9783738628852
Angry Birds das Witzebuch	9783739244853
The Walking Dad Witzebuch (12-16 Jahre)	9783739213507
Weltbester Radfahrer	9783738610161
Weltbester Inline Skater	9783738610178
Weltbester Skifahrer	9783738610185
Weltbester Snowboarder	9783738610192
Weltbester Sportler	9783738610208
Weltbester Surfer	9783738610215
Weltbester Taucher	9783738610222
Weltbester Tennisspieler	9783738610239
Weltbester Volleyballer	9783738610246
Weltbester Wassersportler	9783738610253

Von Theo von Taane gibt es noch weitere Witzebücher, Spiele, Sportbücher, Kalender etc. als hier aufgeführt sind. Einfach mal im Store nach ‚von Taane' suchen.

Viel Spaß!